Alain Dikann

Caderno de exercícios
de arteterapia

Ilustrações de Jean Augagneur

Tradução de Sonia Fuhrmann

EDITORA VOZES

Petrópolis

© Éditions Jouvence S.A., 2016
Chemin du Guillon 20
Case 1233 — Bernex
http://www.editions-jouvence.com
info@editions-jouvence.com

Tradução do original em francês intitulado
Petit cahier d'exercices d'art-thérapie

Direitos de publicação em língua portuguesa —
Brasil: 2021, Editora Vozes Ltda.
Rua Frei Luís, 100
25689-900 Petrópolis, RJ
www.vozes.com.br
Brasil

Todos os direitos reservados. Nenhuma parte desta
obra poderá ser reproduzida ou transmitida por
qualquer forma e/ou quaisquer meios (eletrônico
ou mecânico, incluindo fotocópia e gravação) ou
arquivada em qualquer sistema ou banco de dados
sem permissão escrita da editora.

CONSELHO EDITORIAL

Diretor
Volney J. Berkenbrock

Editores
Aline dos Santos Carneiro
Edrian Josué Pasini
Marilac Loraine Oleniki
Welder Lancieri Marchini

Conselheiros
Elói Dionísio Piva
Francisco Morás
Gilberto Gonçalves Garcia
Ludovico Garmus
Teobaldo Heidemann

Secretário executivo
Leonardo A.R.T. dos Santos

Projeto gráfico: Éditions Jouvence
Arte-finalização: Editora Vozes
Revisão gráfica: Alessandra Karl
Capa/ilustração: Jean Augagneur
Arte-finalização: Editora Vozes

PRODUÇÃO EDITORIAL

Aline L.R. de Barros
Marcelo Telles
Mirela de Oliveira
Otaviano M. Cunha
Rafael de Oliveira
Samuel Rezende
Vanessa Luz
Verônica M. Guedes

Conselho de projetos editoriais
Isabelle Theodora Martins
Luísa Ramos M. Lorenzi
Natália França
Priscilla A.F. Alves

ISBN 978-65-5713-119-0 (Brasil)

ISBN 978-2-88911-681-2 (Suíça)

Este livro foi composto e impresso pela
Editora Vozes Ltda.

Dados Internacionais de Catalogação na Publicação (CIP)
(Câmara Brasileira do Livro, SP, Brasil)

Dikann, Alain
    Caderno de exercícios de arteterapia / Alain Dikann ; ilustração
Jean Augagneur ; tradução Sonia Fuhrmann. — 1. ed. — Petrópolis, RJ :
Vozes, 2021. — (Coleção Praticando o Bem-estar ; 1)

    Título original : Petit cahier d'art-thérapie

    4ª reimpressão, 2024.

    ISBN 978-65-571-3119-0

    1. Arteterapia I. Augagneur, Jean. II. Título.
III. Série.

21-63531   CDD-615.85156

Índices para catálogo sistemático:
1. Arteterapia : Processo terapêutico artístico :
Ciências médicas   615.85156

Aline Graziele Benitez — Bibliotecária — CRB-1/3129

Introdução

A arteterapia assiste a uma verdadeira efervescência na França. Os cadernos para colorir, vendidos com o nome de arteterapia, são um excelente exemplo disso, mesmo que pintura com lápis de cor não seja, de fato, uma atividade terapêutica em si mesma. Mas, quem sabe o fato de colorir com os lápis não tenha despertado em você a vontade de descobrir o que é na realidade a arteterapia. De qualquer forma, este caderno de exercícios permitirá que descubra essa maravilhosa disciplina que, graças à arte (pintura, modelagem, colagem, escrita, música, teatro, dança, fotografia), oferece a oportunidade de, além de descobrir, de expressar e se conhecer plenamente e de se transformar para SER MELHOR no mundo.

Nas páginas seguintes, reservaremos uma atenção especial à pintura, ao desenho e à colagem que estão no centro do processo de arteterapia e que podem ajudar, a cada um de nós, a melhor se conhecer e se subjetivar. De modo geral, *o processo de criação artística age como um processo de transformação*. A arteterapia oferece, assim, a possibilidade de expressar as emoções e os afetos, de relaxar, de reencontrar prazer, de criar laços consigo mesmo e com os outros e, potencialmente, de se transformar.

Tudo isso, sem a necessidade do uso da palavra, unicament[e] graças à expressão artística e ao processo criativo.

O que é a arteterapia?

A arteterapia é oferecida pelo arteterapeuta, responsável pe[lo] acompanhamento dos participantes e incentivador do proces[so] de criação. Ele representa uma espécie de diretor cuja funç[ão] primordial é criar as condições necessárias e favoráveis pa[ra] o estímulo das capacidades criativas dos participantes.

É possível, no entanto, se iniciar em arteterapia por meio [de] jogos lúdicos e criativos que não exigem a presença físi[ca] de um arteterapeuta. Neste caderno de exercícios, o arteterapeuta vai acompanhar todos "à distância", propondo exercícios na forma de um pequeno programa baseado em temáticas-alvo: o corpo e a unidade corpo-psiquismo, a imagem de si e o autorretrato em todos seus aspectos, a identidade e os traços de personalidade, os afetos e as emoções, o desapegar e o imaginário e, finalmente, os laços consigo mesmo e com os outros.

Esses exercícios, mais de quarenta, podem ser feitos de maneira solitária, com uma ou mais pessoas, diretamente nos espaços reservados deste caderno, ou em folhas formato A4, folhas de desenho ou em pedaços de papel kraft (principalmente para os exercícios relacionados ao corpo). Alguns são mais fáceis do que outros ou, no mínimo, mais acessíveis. Para que todos possam aproveitar e que cada um se sinta bem à vontade, os exercícios são propostos de modo gradual em cada capítulo, do mais abordável ao mais complicado. Dito isso, o objetivo é que os exercícios sejam feitos e "re-refeitos" tantas vezes quantas se desejar, na ordem de aparição ou, ao contrário, em desordem, conforme cada pessoa, vontade, desejo, inspiração e humor do momento.

Modo de usar

Para todas aquelas e aqueles que começam a pensar que nã(o) sabem nem desenhar, nem pintar, e/ou que não têm os mate(riais) riais necessários, **NÃO ENTREM EM PÂNICO**:

➡ Um dos preceitos básicos da arteterapia é que a media(ção) ção artística não é um fim em si mesma, mas um meio. Assim, não é absolutamente necessário saber desenhar o(u) pintar, e os exercícios não têm a intenção que você, d(e) repente, faça uma obra-prima.

➡ Se você não tem nenhum material de pintura, não tem pro(blema). blema. Num primeiro momento, você não precisa de pote(s) de pintura e menos ainda de um cavalete. O importante é expressar a criatividade. Algumas canetas esferográ(ficas), ficas, algumas hidrográficas ou pastéis coloridos pode(m) resolver. Revistas velhas assim como tesour(a) e cola também são bem-vindas. Num segun(do) momento, para alguns exercícios, você v(ai) precisar de pincéis, mas, também nesse cas(o) nada de muito sofisticado. A tinta guach(e) funcionará muito bem (custo baixo), d(a) mesma forma que pincé(is)

de diferentes formatos. Mas, se preferir não investir em alguns tubos de tinta, as hidrográficas e lápis de cor permitem obter excelentes resultados. O importante é ter uma gama bem grande de cores.

A tinta é interessante porque a partir de cores primárias (amarelo, azul e vermelho), mais o branco e o preto, podemos fabricar as cores secundárias e trabalhar com as tonalidades.

➡ Após cada exercício, recomendamos que observe o resultado e anote suas opiniões e os sentimentos provocados. Se estiver com uma ou mais pessoas, é uma boa ocasião para compartilhar sua opinião tanto sobre o processo como sobre a criação propriamente dita, com espírito de escuta e sem lançar críticas. Aqui também o arteterapeuta o ajudará a expressar os sentimentos e as opiniões dando algumas precisões e fazendo observações.

Todos os exercícios, de um modo ou de outro, favorecem a criatividade, a expressão e o desapego. Eles permitem ampliar o campo da consciência, aprender ou tornar a aprender a se concentrar no instante presente e oferecem a possibilidade de desenvolver uma percepção mais intensa de nós mesmos e do que nos cerca. Eles contribuem para o autoconhecimento, par desenvolver e/ou reforçar a autoestima e a confiança em s mesmo. Logo, permitem que encontremos o bem-estar e ofere cem a oportunidade de um desenvolvimento de todas as nossa possibilidades.

Última recomendação:

Nunca esqueça que o resultado não é o mais importante. O que importa antes de mais nada é o processo de criação e o que é vivenciado durante essa criação. Ao deixar a criatividade se expressar, vamos nos desconectar da realidade, espaire-cer, aproveitar o momento presente e descobrir as facetas impensáveis de nossa personalidade.

Então, vamos pegar os lápis e/ou pincéis e criar !

I - Unidade corpo-psiquismo

Para abrir este caderno de exercícios de arteterapia, nada mais lógico que começar por exercícios ligados ao corpo. Por quê? Porque vários estudos clínicos demonstraram que existem interações permanentes entre o psiquismo e o corpo. Mais concretamente, grande parte das consultas feitas nos médicos generalistas dizem respeito às doenças psicossomáticas (psico, "de psique" e soma, de "corpo"). Isso quer dizer que vários transtornos psíquicos têm influência no aparecimento de doenças orgânicas. O corpo entra em ressonância com as emoções e, muitas vezes, manifesta alguns bloqueios. Ora, frequentemente temos tendência a pensar que nosso corpo está separado de nosso psiquismo, que ele está fragmentado em diferentes partes, como uma espécie de máquina e que basta consertar um componente que não funciona para que tudo fique bem. Esse modo de pensar é falso, pois o psiquismo e o corpo constituem uma unidade. Assim, é fundamental perceber seu corpo e ligar suas diferentes partes entre si para ter maior consciência de sua existência no mundo.

Material necessário (à escolha)

Papel para desenhar/bobina de papel kraft ou outro tipo de papel em grande formato (ou então grandes caixas de papelão)/jornais e revistas/hidrográficas/pastéis/canetas esferográficas/tinta acrílica ou guache/pincéis/tesoura/cola.

Vamos (re)descobrir nosso corpo

Numa grande folha de papel para desenhar colocada sobre a mesa, trace o contorno de sua cabeça. Você também pode fazer mais facilmente, de frente ou de perfil, fixando a folha na parede ou na porta na altura de seu rosto e permanecendo em pé. Faça o contorno de sua cabeça com o lápis com bastante cuidado. Em seguida, faça a mesma coisa com as mãos, os pés, os braços, colocando a folha no chão ou sobre a mesa.

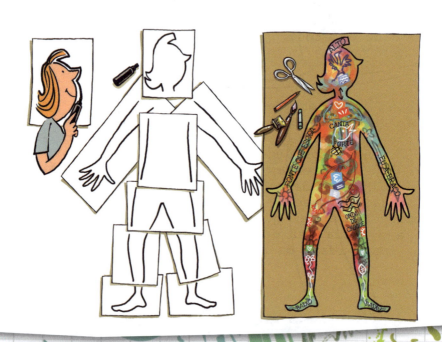

Recorte, em seguida, as diferentes partes do corpo contornadas e as disponha sobre uma folha grande de papel kraft, deixando os espaços necessários para desenhar e pintar diretamente o pescoço, o busto, as pernas e as barrigas das pernas, para recriar o seu corpo. Em seguida, preencha partes do seu corpo com tinta, marcadores, colagens, palavras, frases.

Ainda quanto ao corpo

Na mesma linha, e se vocês estiverem em dois, em uma grande folha de papel kraft colocada sobre o chão, deite-se na posição que você desejar. O outro participante (ou arteterapeuta) delineia o contorno do seu corpo com um marcador preto. Você deve então "preencher" seu corpo da maneira que parece mais natural para você com tintas, marcadores, lápis de cera, mas também cortando e/ou rasgando imagens, palavras, expressões em revistas e jornais e colando-os em diferentes partes do corpo.

Além do corpo

No mesmo dispositivo de antes, preencha apenas a parte externa do seu corpo (que, portanto, permanece vazio) com as cores, formas, inclusive as imagens e as palavras que você desejar. Podem ser, por exemplo, desenhos ou fotos de objetos, animais, paisagens ou pessoas que você ama.

Corpo a corpo

Sempre no mesmo dispositivo, pinte seu corpo com uma cor de sua preferência no momento. Se você está criando sozinho, você pode fazer esse exercício várias vezes, com diferentes posturas e/ou cores diferentes. Depois corte "seus diferentes corpos" e cole-os como desejar em uma folha grande: lado a lado, emaranhados ou meio empilhados. No caso de um dispositivo com vários participantes, uma vez que a silhueta foi cortada, cada um cole por sua vez ou todos juntos em uma folha bem grande com a ideia de aproximar os corpos.

O olhar do arteterapeuta

Muitas vezes, as pessoas ficam muito surpresas com esse tipo de exercício, primeiro pelo fato de "delimitar" as diferentes partes de seu corpo, ou pelo fato de se deitar no chão sobre uma grande folha de papel e ser "contornado" por um outro participante do grupo ou pelo(a) arteterapeuta. Mas também há um efeito surpresa ligado à percepção dos limites e contornos de nosso próprio corpo que se revela para nossos olhos. Em seguida, as "imagens" associadas à nossa silhueta surgem. Algumas pessoas conseguem imaginar o corpo inteiro e o completam inteiramente com tinta; outros conseguem imaginar algumas partes ou então unicamente uma parte como a cabeça ou o estômago. Ainda há quem pinte somente os pés! Cada corpo representa um caso particular e é por isso mesmo que esses exercícios são tão interessantes. E você, o que acha?

Anoto minhas opiniões:

....

....

....

....

....

....

II - O autorretrato em todos os aspectos

Jan Van Eyck, O homem com turbante vermelho, 1433, National Gallery, Londres

Na pintura, o autorretrato é um exercício praticado há muito tempo. Os primeiros verdadeiros autorretratos de pintores conhecidos datam do século XV. O mais conhecido deles é Retrato de homem com turbante vermelho, de Jan Van Eyck, realizado em 1433. O exercício do autorretrato consiste em realizar, no desenho ou na pintura, uma representação de si mesmo. Num primeiro momento, o autorretrato revela nossas particularidades físicas. Mas ele nos questiona também sobre nossa identidade e a noção de unidade física e psíquica. O autorretrato constitui nesse sentido um receptáculo para as projeções psíquicas daquele(a) que o elabora: um suporte d'expressões muito pessoais. Por fim, representa principalmente um meio de se perceber, de se conhecer melhor. Quando fazemos uma representação de nós mesmos, participamos de um processo consciente e inconsciente de autoavaliação (qualidades, defeitos, forças, fraquezas). O autorretrato é um exercício essencial para o "auto-olhar" e o "autoadmirar", pois oferece a possibilidade de trabalhar ao mesmo tempo a autoestima, a confiança e o amor-próprio. Mas atenção, o autorretrato pode ser muito diferente de um dia para o outro. O resultado dependerá do estado emocional no momento de sua realização.

Material necessário (à escolha)

Espelho/máquina fotográfica/ impressora/folhas para desenhar/ folhas de papel carbono/revistas/ jornais/lápis de cor/hidrográficas/ pastéis/ canetas esferográficas/ tinta acrílica ou guache/pincéis/ tesoura/cola.

Autorretrato no espelho

Do ponto de vista da psicanálise, "o autorretrato no espelho" remete ao "estágio de identificação" da criança com sua própria imagem, quando ela compreende que não está fragmentado e que é "um" sem a mãe. O espelho teria assim um valor estruturante, ele permite a formação do "Eu". **O autorretrato pode ser compreendido, dessa forma, como uma tentativa de reviver a separação inicial da mãe, ou seja, o momento em que a criança se reconhece como uma imagem total e independente da mãe que o segura nos braços.** Essa experiência permite que descubra a relação de seu corpo e de seu ser com o mundo.

Nada mais simples que fazer o exercício. Coloque-se na frente de um espelho grande, na altura do rosto, em seguida desenhe (com a caneta esferográfica, lápis, hidrográfica) e/ou pinte diretamente sobre um caderno ou uma folha de papel.

Autorretrato imaginado

O exercício do autorretrato também é uma forma de comunicação, pois revela alguma coisa de si para os outros e, por extensão, é o início de uma relação com o outro. Fazer o autorretrato imaginado significa aceitar desapegar, assumir distanciamento, rir de si mesmo, relativizar e até mesmo seduzir. Coloque uma foto sua, em formato A4, diante de você, a 50cm (ou então um espelho) e observe atentamente durante alguns minutos, como se fosse a primeira vez que vê seu rosto. Depois, feche os olhos e respire profundamente. Em seguida, abra os olhos e retire a foto e/ou o espelho. Então, desenhe ou pinte o que "resta" do seu rosto, de forma bem livre e descontraída.

Autorretrato simbólico

Nas revistas, selecione imagens, essencialmente objetos que aprecia e/ou que correspondem aos seus objetos
de desejo. Recorte e depois cole sobre uma folha de modo
que formem um autorretrato simbólico de você.

Exemplo: para os olhos, podem ser lâmpadas,
para as orelhas, celulares e assim por diante ...

Autorretrato em branco e preto

Pinte inteiramente de preto, com guache, uma folha de papel de desenho. Em seguida, com o lápis grafite, sobre esse fundo preto, desenhe seu autorretrato muito simples (observando-se no espelho ou a partir de uma foto). Em seguida, com a tinta branca, realce algumas áreas: uma parte do rosto, um ou ambos os olhos, uma parte do nariz, a boca...

Autorretrato deformado

Essa noção de autorretrato deformado foi desenvolvida pelo pintor britânico Francis Bacon (1909-1992). Influenciado no início pelo surrealismo, Francis Bacon inicia, a partir de 1946, seu trabalho de pesquisa com o retrato do Papa Inocente X pintado por Velásquez em 1650. Pintor autodidata, Bacon vai, em seguida, explorar os corpos e rostos humanos e faz várias séries de retratos, inclusive o seu, no limite da desagregação ou da deformação como se sofresse o efeito de um fenômeno óptico.

A partir de um autorretrato feito por você, pelo espelho ou por meio de uma foto, faça alterações deformando os traços. Por exemplo: aumente os olhos, a boca, o nariz, ou somente uma parte do rosto. Também pode demonstrar, nos traços do autorretrato, uma emoção: tristeza, alegria, raiva.

Autorretrato em forma de máscara

O autorretrato é um exercício que cria um conflito entre o que a pessoa vê de si mesma e o que ela aceita mostrar aos outros. Contrariamente, a máscara faz apelo a uma forma de dissimulação. Procuramos nos esconder atrás da máscara.
Na psicologia analítica de Carl Gustav Jung, a persona corresponde à "máscara" social (em latim *per-sonare* - significa "falar através" — designava a máscara usada pelos artistas de teatro), a personalidade do indivíduo na sociedade.

Realizar o autorretrato e, em seguida, a máscara dele, é colocar a questão da identidade entre o que é mostrado e o que permanece escondido. O que queremos mostrar e, inversamente, o que desejamos esconder dos outros?
A partir de um autorretrato realizado por você, desenhe ou pinte uma máscara. Pode ser, por exemplo, uma máscara que gostaria de usar, ou uma máscara para se dissimular...

O olhar do arteterapeuta

Os exercícios ligados ao autorretrato podem gerar hesitação, frequentemente porque não sabemos desenhar e temos "medo" de não representar fielmente como somos. Vamos ficar calmos! Não se trata de fazer um autorretrato como faria um grande mestre, Rembrandt, por exemplo. Mas, trata-se de uma representação simples, de acordo com nossos meios e, principalmente, da maneira como percebemos a nós mesmos. Alguns valorizarão algum traço particular, outros tornarão mais evidente o olhar, o sorriso... Por outro lado, um exercício como o do "retrato deformado" pode parecer um pouco "maluco", mas o interessante é prestar atenção na parte do rosto que iremos deformar: olhos? boca? nariz?

Anoto minhas opiniões:

....

....

....

....

....

....

....

....

....

....

III - Identidade e traços de personalidade

Depois de ter passado pelo corpo e pelo autorretrato, sugerimos prosseguir na descoberta do "Eu", colocando em imagem certos traços da nossa personalidade. Conforme o *Dictionnaire de Psychologie* de Norbert Sillamy,

"a personalidade é o conjunto estruturado das disposições inatas e disposições adquiridas sob influência da educação, das interpelações complexas do indivíduo em seu meio, de suas experiências presentes e passadas, de suas antecipações e seus projetos".

A personalidade é uma estrutura estável, autônoma e dinâmica que faz, de cada pessoa, um sujeito único. Quando falamos de "traços de personalidade", designamos a maneira permanente própria a cada indivíduo de sentir, perceber e pensar em função do contexto e do meio em que vive.

A noção de personalidade engloba assim o conjunto dos comportamentos que constituem a individualidade de uma pessoa, aquilo que a torna única.

Material necessário (à escolha)

Foto de identidade/máquina fotográfica/impressora/folhas de papel para desenhar/revistas e jornais/lápis grafite/hidrográficas/pastéis/canetas esferográficas/tinta acrílica ou guache/pincéis/tesoura/cola.

Acróstico pictural

O nome e o sobrenome que temos, mesmo que não os tenhamos escolhido, nos representam desde o nosso nascimento. Eles nos significam e nos caracterizam. A partir das iniciais do nome e/ou do sobrenome, vamos fazer o acróstico e, depois, com as palavras, vamos fazer uma criação pictural. Se houver muitas palavras (caso o nome e sobrenome comportem muitas letras), selecione somente duas ou três para o nome e sobrenome. Faça uma criação a partir dessas palavras.

Exemplo : "Louise Parma"
L / Libélula
O / Ovo
U / Urbano (cidade)
I / Ilha
S / Sol
E / Estrela

P / Ponte
A / Abacaxi
R / Romã
M / Mar
A / América

Foto de identidade

A partir de uma foto de identidade ou de uma selfie, por exemplo, imprima numa folha A4, depois recorte e cole no quadro abaixo. Pinte e/ou desenhe o que passar por sua cabeça. Você pode usar também uma foto de corpo inteiro. Pode fazer seu retrato falar escrevendo sobre o desenho ou acrescentando balões como nas histórias em quadrinhos. Você também pode ligar sua foto com elementos picturais que tenha criado.

Meu mundo

Em pequenas folhas de desenho, pinte ou desenhe, a sua maneira, objetos, personagens, elementos da natureza, animais ou então paisagens visitadas ou imaginadas que você particularmente aprecie. Em seguida, recorte essas diferentes criações e cole sobre uma folha de papel de desenho grande ou papel Kraft. Cole também uma foto sua ou seu retrato.

Neste exercício a colagem pode ser feita diretamente, apenas com recortes de revistas e jornais. No caso, selecione imagens de objetos, animais, elementos da natureza que "digam algo" para você, corte e cole sobre uma grande folha de papel.

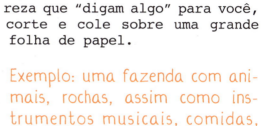

Exemplo: uma fazenda com animais, rochas, assim como instrumentos musicais, comidas, pessoas dançando, uma praia...

A árvore da vida

Em todas as culturas, a árvore é um símbolo da vida em per
pétua evolução, da força, da longevidade, da fecundidade
Representa um dos temas simbólicos mais compartilhado, po
coloca em comunicação os três níveis do cosmo: o subterrâne
com suas raízes, superfície da terr com seu tronco, e céu com sua copa.

"A árvore da vida" encontrada em vári domínios: religia filosofia, mitolog ciência. Do pon de vista artístico, árvore da vida é un

Gustav Klimt, detalhe da pintura mural do Palácio Stoclet, 1905-1909, Museu de Artes Aplicadas, Viena

representação muito antiga que foi objeto de várias pintur
gravuras e esculturas, além da tapeçaria. Uma das mais conh
cidas é a pintura de Gustav Klimt, um friso mural em u
palácio em Bruxelas realizado entre 1905 e 1909.

Desenhe e pinte, sem esboço, uma árvore. Pode ser de maneira realista ou de forma original (formas geométricas, por exemplo). Pode acrescentar raízes, galhos. Pode ser uma grande árvore ou uma pequena. Tudo depende de você. De repente, você pode decidir colar uma foto de identidade em um dos galhos e/ou na copa, pois ela representa sua árvore da vida. Em seguida, na extremidade de cada galho, desenhe, pinte ou cole elementos que sejam importantes para você. Também pode escrever algumas palavras ou recortar e colar imagens de jornais e revistas.

Sentimentos

Em um livro ilustrado ou revista, escolha uma foto que seja inspiradora: por exemplo, uma paisagem, uma cena de rua. Coloque-a diante de você e complete a foto: primeiro globalmente e, em seguida, nos menores detalhes. Feche os olhos e mantenha uma respiração mais profunda durante alguns minutos, deixando que as imagens cheguem até você sem tentar bloqueá-las. Finalmente, abra os olhos. Desenhe e/ou pinte livremente o que acabou de sentir com relação à foto.

Projeções

Numa folha de papel para desenho ou no espaço abaixo, desenhe uma parede com uma grande janela aberta. Feche os olhos e durante alguns minutos pense nessa janela que se abre para o exterior. Em seguida, depois de ter aberto os olhos, desenhe e/ou pinte o que viu pela janela.

O olhar do arteterapeuta

Esses exercícios, diretamente ligados à personalidade, nos levam a refletir sobre o "Eu". Eles nos encorajam a representar de forma pictural nossas próprias características, nossos gostos, nossos desejos, mas também, nossos sonhos. Também permitem que nos situemos em relação ao nosso meio imediato e possibilitam que nos projetemos. Esses exercícios são mistos, pois podem também ser a oportunidade de escrever ou de selecionar e colar palavras, desenhos e pinturas.

Então, o que você achou?

Anoto minhas opiniões:

....

....

....

....

....

....

....

....

....

....

....

IV - Emoções e afetos

Divertir-se fazendo os exercícios de arteterapia significa, principalmente, expressar as emoções e os afetos no momento presente. Embora a palavra "emoção" seja bastante usada por todos, sua definição é bastante difícil. Do ponto de vista etimológico, "emoção" vem do latim emovere, emotum, ou seja, "arrancar, sacudir" e de movere, "se mover". Dessa forma, no século XVII, as emoções são apreendidas em termos de comportamentos, ou como "movimentos da alma". Hoje sabemos que as emoções estão associadas ao humor, ao temperamento e à personalidade e que influenciam diretamente os comportamentos, percepções, escolhas, decisões e ações. Quando falamos de emoções, nos referimos quase sempre à tristeza, ao medo, à alegria, à raiva, ao espanto. Damos a isso o nome de experiência subjetiva. Mas, a emoção é traduzida também pela expressão comunicativa que pode se apresentar

31

sob a forma de excitação ou de inibição traduzida por gesto
e/ou posturas.

O afeto corresponde ao estado de alma e à expressão dos sen
timentos. Reação inconsciente, o afeto se traduz pela descarg
de energia pulsional. Podemos distinguir afetos agradávei
desagradáveis, vagos, intensos, positivos ou negativos. Na ps
canálise freudiana, o afeto é a expressão qualitativa da energ
pulsional. Na arteterapia, o processo de criação favorece
liberação e a atualização de afetos recalcados e de emoçõe
A criação é resultante dessas projeções que permitem
conscientização necessária a todo processo de transformaçã
posterior.

Cores da vida

As cores são onipresentes em nosso cotidiano. Sem preste
atenção, vivemos e "brincamos" com elas em permanênci
Conforme nossa personalidade, elas podem ser benéficas
nefastas, agradáveis ou desagradáveis, calmas ou agressivas.
cores ocupam um lugar fundamental no campo da arteterapi
Elas nos falam dos afetos, das emoções, dos sentimentos e d
vazão a expressões muito pessoais. Nesse sentido, as cores n

convidam a ter experiências senso-
riais muito ricas e diversas.

Pode parecer evidente que as cores tenham grande influência sobre nosso ESTAR NO MUNDO, no entanto, é necessário se perguntar até que ponto nossa personalidade influencia nossas preferências em matéria de cores. É o que está em jogo na arteterapia quando escolhemos as cores para pintar, no momento presente, conforme nosso humor atual. *De modo geral, as cores favorecem a dinâmica do processo criativo, pois podem ser o gatilho das emoções sentidas. As cores representam assim uma expressão por si só que favorece a criação de formas e imagens.* Nesse sentido, as cores participam do processo de metaforização/simbolização, indispensável para uma transformação potencial.

Material necessário (à escolha)

Folhas para desenhar/revistas/jornais/lápis grafite/hidrográficas/pastéis/canetas esferográficas/tinta acrílica ou guache/pincéis/tesoura/cola.

Traduza seu humor e suas emoções do momento, "aqui e agora" por meio da escolha das cores de tinta. Depois pinte "automaticamente" o que passa por sua cabeça, sem refletir. Este exercício deve ser feito para cada emoção: raiva, alegria, medo, tristeza...

Roxo de raiva

Faça seu autorretrato no espelho (ou a partir de uma foto) ou ainda o autorretrato imaginário com lápis grafite ou hidrográfica. Depois, pinte com o lápis de cor  ou tinta com uma cor única. Em seguida, faça o mesmo exercício, mas com outra cor, com base nas expressões frequentes como: "roxo de raiva" ou "branco de medo", ou ainda "vermelho de vergonha". Depois, compare os resultados.

Humor e universo

Ainda de acordo com seu humor atual, pinte um "universo" correspondente. Por exemplo, uma cena com céu azul, ensolarado (alegria), um céu cinza com nuvens (tristeza, melancolia), uma floresta de árvores verdes ou então, ao contrário, árvores ressequidas. Para cada representação, anote o que você sente...

Monocromia imaginária

Escolha uma cor e, com ela, pinte o espaço abaixo (uma única cor: amarelo, vermelho, verde...). Durante o tempo de secagem, recorte ou rasgue pedaços de imagens retiradas de revistas numa cor diferente daquela pintada. Depois, com os pedacinhos de papel componha um personagem, um animal imaginário que será colado sobre o espaço pintado. Repita o mesmo exercício com diferentes cores.

Cores e associações de ideias

Com base no princípio da associação de ideias, a partir de uma cor, selecione cinco palavras evocadas por uma cor. Por exemplo "amarelo": "sol, girassol, deserto, canário, taxi". Com essas cinco palavras realize uma composição. Esse exercício pode ser feito com outras cores: azul (céu, água, frio...); vermelho (amor, sangue, joaninha...); verde (grama, sapo, árvore...) etc.

Formas, cores e sentimentos

Na história da Arte Moderna, na pintura, interações poderosas se formaram entre as formas e as cores. Artistas como Gustav Klimt, Wassily Kandinsky, Paul Klee, Piet Mondrian ou ainda Kazimir Malevitch abandonaram os objetos concretos para ir ao encontro de formas abstratas onde a cor tem um papel preponderante. Desse modo, Kandinsky utilizava o azul como forma de apaziguamento, o vermelho para simbolizar o calor e o movimento ou ainda o verde para a imobilidade. Quando falamos de formas, nos referimos às formas geométricas primordiais como o quadrado, o círculo, o triângulo, mas também as linhas, pontos, arcos de círculo, polígonos. As formas, conforme sua disposição, seu arranjo e cores escolhidas para cada uma delas, permitem expressar sensações. A título de exemplo, o quadrado poderia inspirar a estabilidade, a imobilidade, a solidez, enquanto que o círculo poderia expressar as impressões de maleabilidade, mobilidade etc.

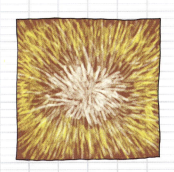 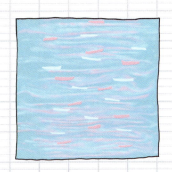

Formas, cores e sentimentos (continuação)

A partir de formas geométricas e de cores de sua escolha, realize uma composição abstrata que reflita uma impressão de movimento. Em seguida, uma outra composição que reflita a imobilidade. Ou então uma outra que mostre a calma e a agitação.

Wassily Kandinsky
Composição VIII, *1923*,
Museu Guggenheim, New York

Formas, cores e humor

Sempre a partir de diferentes formas geométricas e de cores de sua preferência, realize uma composição abstrata que reflita seu humor atual.

O olhar do arteterapeuta

Nos exercícios precedentes tratamos de deixar agir os sentimentos e representá-los por formas e cores, sem a preocupação de criar qualquer imagem figurativa. O importante é o instante presente e a criação espontânea. Então, vá em frente e deixe as coisas acontecerem!

Anoto minhas opiniões:

....

....

....

....

....

....

....

....

....

....

....

....

....

V - Desapego e imaginário

De modo geral, o ser humano tem tendência de querer controlar tudo: ideias, emoções, sentimentos, convívio familiar, social e profissional. Por outro lado, frequentemente compartilhamos a expressão "desapega!" que, na linguagem corrente, significa relaxar e deixar que as coisas aconteçam. Na realidade, "desapegar" é um conceito bem mais complexo, pois significa se opor ao controle e ao comando. Por isso, antes de mais nada, o desapego necessita que tomemos consciência de nosso SER NO MUNDO, da situação pessoal com tudo aquilo que causa bloqueio, obsessão e que nos paralisa. Em seguida, devemos deixar que as ideias e pensamentos surjam sem procurar compreender, controlar e estar no comando. Nesse sentido, *o desapego é um abandono de si, uma renúncia das próprias resistências*, que permite vivenciar o momento presente e adquirir ou readquirir confiança em si mesmo. A arteterapia, pelo desenho e/ou pela pintura, possibilita justamente *remover as defesas que construímos inconscientemente*, oferecendo um espaço de libertação, de brincadeira e de criatividade.

Material necessário (à escolha)

Folhas de papel para desenhar/revistas/ jornais/lápis grafite/hidrográficas e pastéis/ canetas esferográficas/tinta acrílica ou guache/ pincéis/ tesoura/ cola.

O jogo dos 9 pontos

Se este exercício não é criativo do ponto de vista pictural, ele proporciona, no entanto, a compreensão e a exemplificação de como o ser humano tem o mau hábito de permitir que as regras o tornem submisso e que, por fim, o impedem de encontrar soluções para as situações que surgem em sua vida.

Nove pontos são desenhados numa folha em 3 colunas de 3 pontos lado a lado formando um quadrado. O jogo consiste em ligar esses 9 pontos com somente 4 traços sem tirar o lápis da folha. Em seguida, ligar os pontos em somente 3 traços, sempre sem tirar o lápis da folha.

É com você!

Correção/resposta

O primeiro reflexo é ligar os pontos permanecendo no quadrado que eles formam. No entanto, você perceberá rapidamente que é impossível resolver o problema dessa maneira. Para conseguir resolvê-lo, é preciso sair do quadrado. Assim, deixando o traço ultrapassar os pontos que formam o quadrado, você pode ligar facilmente esses pontos com 4 retas, ou mesmo 3, sem tirar o lápis do papel.

Moral da história: Assim, é quando saímos do quadrado, quando nos desapegamos de nossas crenças habituais e das regras que estabelecemos para nós que conseguiremos encontrar soluções ou simplesmente perceber o mundo de uma maneira muito mais aberta.

44

O rabisco

Margaret Naumburg (1890-1983), psicóloga, educadora e artista americana foi uma das primeiras pessoas a teorizar a disciplina arteterapia. Segundo ela, diferentemente das psicoterapias clássicas, a arteterapia era um meio, para pessoas com problemas psicológicos, de expressar suas emoções sem usar a fala.

Por outro lado, isso permitia ao terapeuta trabalhar melhor a cura. Margaret Naumburg gostava, em particular, do rabisco (**scribble**) que seus pacientes deviam executar com os olhos fechados.

Ver o próximo exercício.

45

O rabisco (continuação)

Durante alguns minutos, feche os olhos e respire lenta e profundamente. Em seguida, no espaço reservado abaixo, desenhe com uma hidrográfica ou uma caneta esferográfica, sempre com os olhos fechados, espontaneamente, durante alguns minutos. Depois, abra os olhos. A partir das formas construídas, selecione aquelas que "chamam sua atenção" e desenvolva-as em folhas separadas. Pode também escrever o que elas representam para você, ou então porque escolheu algumas partes e outras não...

A Action Painting

No final dos anos de 1940, o pintor americano Jackson Pollock (1912-1956), tornou-se um dos precursores do expressionismo abstrato com a "action painting", pintura gestual ou gestualismo. Em pé, diante da tela, ele fazia cair a tinta do tubo e espalhava rapidamente sobre a tela. Esse novo modo de pintar tem uma dimensão expressiva natural e espontânea e favorece o desapego. Ela permite também uma relação puramente física e material com a pintura, pois o corpo todo está amplamente envolvido na criação e, de fato, está na origem da criação. A obra é, literalmente, um espaço de expressão corporal em si e se torna o fruto da ação.

Escolha diferentes cores de tinta acrílica ou guache e dilua em água. Coloque em potes plásticos (pode perfurar os potes de plástico para espalhar mais facilmente a tinta): um pote para cada cor. Coloque no chão uma folha grande de papel Kraft. Jogue sobre ela a tinta sacudindo os potes ou então molhe o pincel no pote de tinta e salpique sobre o papel. Assim, poderá se expressar gestualmente, conforme seu humor do momento e suas sensações. Você pode usar uma única cor ou várias, fazendo superposições. De fato, o que interessa neste exercício é poder "brincar" o máximo possível com os movimentos do corpo, sem se sentir "bloqueado".

Objeto insólito

Escolha dois objetos que não tenham nenhuma relação entre si. Por exemplo, um livro e um garfo. A partir dos dois objetos, componha um novo objeto que exista ou seja imaginário. Pode fazer um arranjo com eles, ou pegar uma parte de um e juntar com o outro. Use a imaginação. Tudo é possível.

Desviar

A partir de um objeto real ou de uma fotografia de um objeto de sua preferência, faça uma criação pictural completamente diferente, baseando-se no princípio do desvio. Por exemplo, a partir de um sapato, crie uma máscara.

Livre-associação

Escolha aleatoriamente um objeto. Coloque diante de seu caderno ou folha de desenho. Faça a observação minuciosa do objeto durante alguns minutos associando com outras imagens que surjam na sua mente. Conserve essa imagem e, em seguida, faça uma representação dela sem, no entanto, representar o objeto inicial.

O olhar do arteterapeuta

O desapego não pode ser decretado. Ele é aprendido, por exemplo, por meio de diferentes exercícios. Alguns deles, como o "rabisco", estão na base da arteterapia. Trata-se de permitir que as impressões, ideias, imagens cheguem até nós sem opor resistências e, em seguida, traduzi-las pela pintura. Da mesma forma, como ocorre com o "détournement" e a livre-associação, a ideia primordial consiste a não controlar as imagens que chegam a nossa mente, mas, ao contrário, representá-las.

Agora é sua vez de fazer um comentário!

Anoto minhas opiniões:

....

....

....

....

....

....

....

....

....

....

....

....

VI - Criar laços com os outros

De maneira geral, a noção de "laço" é essencial em arteterapia. Primeiramente porque está no centro do processo criativo. Dessa forma, se tomarmos por base os trabalhos do psiquiatra e psicanalista inglês Donald Woods Winnicott, a criatividade é compreendida como a capacidade de criar laços com o mundo exterior e com a vida interior. Graças à criação, poderemos comunicar e assim reconstruir os laços com nosso meio: laços afetivos, laços sociais, laços intra e intersubjetivos.

Material necessário (à escolha)

Folhas para desenhar/revistas/jornais/lápis grafite/hidrográficas/pastéis/canetas esferográficas/tinta acrílica ou guache/pincéis/tesoura/cola.

Reunir

No espaço abaixo ou em uma folha para desenho, desenhe ou pinte um círculo, um quadrado e um triângulo, bem espaçados um do outro. Em seguida, ligue um ao outro, da maneira que achar mais conveniente.

Criar uma relação

Em 4 folhas de papel de desenho, desenhe ou pinte diferentes formas:

⇨ Folha 1, algumas linhas.
⇨ Folha 2, formas arredondadas.
⇨ Folha 3, formas angulares (triângulo, retângulos, quadrados).
⇨ Folha 4, outras formas.

Depois, numa grande folha, faça uma composição pictural a partir de todas as formas precedentes, pintadas com as cores de sua preferência.

Colocar em relação

Em duas folhas de desenho separadas, crie separadamente dois personagens imaginários. Em seguida, recorte os personagens e cole no espaço abaixo criando uma relação entre eles e um dado ambiente.

O "squiggle"

Inventado por Winnicott, o "squiggle" ("traçado livre") é u
jogo gráfico usado em arteterapia, por meio da mediação plá
tica (desenho e pintura), para permitir a dois participante
ou um participante e o arteterapeuta, de "dialogar" em ur
folha de papel.

Esse dispositivo lúdico para crianças, adolescentes e adulto
apresenta vários pontos interessantes:

➡ Permite criar condições lúdicas.

➡ Ajuda a "desbloquear" e a estimular.

➡ Facilita o desapego e instiga a imaginação e a criatividac
o que favorece o processo criativo.

➡ Permite desenvolver e criar laços (2 pessoas participam o
jogo), sem necessidade da comunicação verbal.

➡ Frequentemente, à medida que a criação coletiva se dese
volve, o jogo gráfico libera a fala.

➡ Favorece o processo de subjetividade, pois cada um enco
tra, em sintonia, seu lugar na folha de papel.

Sentados na frente um do outro, cada um dos participantes, um de cada vez, faz um pequeno traçado livre no espaço abaixo. Uma "conversação gráfica" logo é estabelecida, o que propicia a realização de uma criação comum. Uma das regras é não cobrir o traçado do outro. Por outro lado, é possível modificar ou desenvolver uma figura ou uma forma precedentemente desenhada pela outra pessoa. Cada um dos participantes pode, em seguida, desenvolver numa folha separada uma parte (uma forma qualquer) do desenho compartilhado.

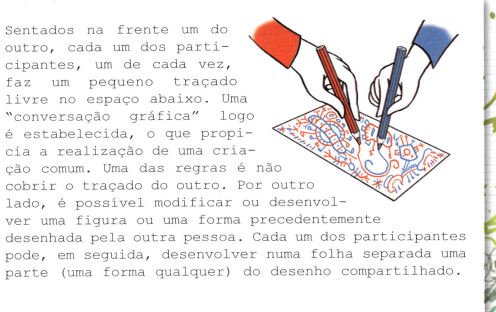

Compartilhar e criar juntos

Exercício 1: para vários participantes. Em grupo, escolher uma temática única, por exemplo, "a cidade". Cada participante recorta um pedaço de uma grande folha de papel no qual vai representar "sua cidade". Quando todas as representações estiverem prontas, cada pedaço de papel deverá ser colado junto como se fosse um quebra-cabeça. Em seguida, cada participante cria ligações com as demais peças do quebra-cabeça.

Exercício 2: vários participantes. Com base no "cadavre exquis" (cadáver esquisito) e de uma temática escolhida pelo grupo, um dos participantes faz um pequeno desenho (figurativo ou não) no alto de uma folha bem grande. Depois, ele dobra a folha de maneira que só apareça um pedacinho de seu desenho. A folha é passada a outro participante que, a partir do pedaço de desenho deixado visível, faz seu próprio desenho. E assim sucessivamente até que o último participante faça o seu desenho. No final, a folha é aberta e a criação pictural, em seu conjunto, é mostrada a todos. Garantimos resultados surpreendentes!

O olhar do arteterapeura

Reconstituir os laços é uma das funções da arteterapia. Esses exercícios colocam em evidência a questão dos laços em todos os aspectos: laços físicos, psíquicos, simbólicos, diretos, indiretos... De preferência, os exercícios devem ser feitos na ordem proposta, começando pelos exercícios feitos por uma só pessoa e continuando pelos exercícios coletivos. Em ambos os casos, é preciso dar vazão ao estado de espírito do momento e criar sem se colocar barreiras. Aproveite o momento presente, sabendo que é mais divertido participar da atividade com outras pessoas do que sozinho!

Anoto minhas opiniões:

....
....
....
....
....
....
....
....
....
....
....
....

Como conclusão

No final deste pequeno programa de exercícios interativos, esperamos que tenha gostado e aproveitado. E não esqueça: para que haja prazer, é preciso que exista o lúdico. Ora, parafraseando o psiquiatra inglês Donald Woods Winnicott "brincar é o fazer", assim *"brincar é criar"*. Principalmente por essa razão, os exercícios propostos neste pequeno caderno apresentam uma característica lúdica, para poder explorar novas perspectivas, perceber potenciais não explorados, liberar as pulsões ou ainda perceber novas emoções e sensações.

Talvez você tenha suspirado diante de sua criação dizendo que "não é muito bonito" ou então que "não era o que eu gostaria de ter feito". Afirmo uma vez mais que o resultado não importa, a coisa mais importante é o que acontece no instante presente, no instante da criação: o que "brota" de você.

De início, temos tendência em pensar que *o melhor motor da criação é a liberdade*. Porque quem diz liberdade de criar, diz ausência de limites. Ora, como você notou, todos os exercícios propostos comportam instruções que poderíamos chamar *"imposições libertadoras"*. Por quê? Porque em muitos casos, uma liberdade total para criar pode ser font[e] de angústia e bloqueio. A ausência de instrução pode levar "síndrome da folha branca". Ao contrário, a introdução de um[a] instrução, por menor que seja, permitirá fixar um "guia" par[a] os participantes e levá-los ao processo de criação.

Por fim, esperamos que esses exercícios tenham despertado s[ua] vontade de ir mais longe. Se for esse o caso, aconselhamos q[ue] se aprofunde nessa via, de preferência com um arteterapeut[a], pois o desenho, a pintura, ou então a colagem, em diferent[es] registros, são facilitadores da criatividade. Esses meios s[ão] muito lúdicos, favorecendo o despertar dos sentidos e oferecendo a possibilidade de expressar um grande número de emoções.

Por último, "last but not least", **eles permitirão que marque com o traço um determinado instante de sua existência.**

63

Acesse a coleção completa em

livrariavozes.com.br/colecoes/caderno-de-exercicios

ou pelo Qr Code abaixo